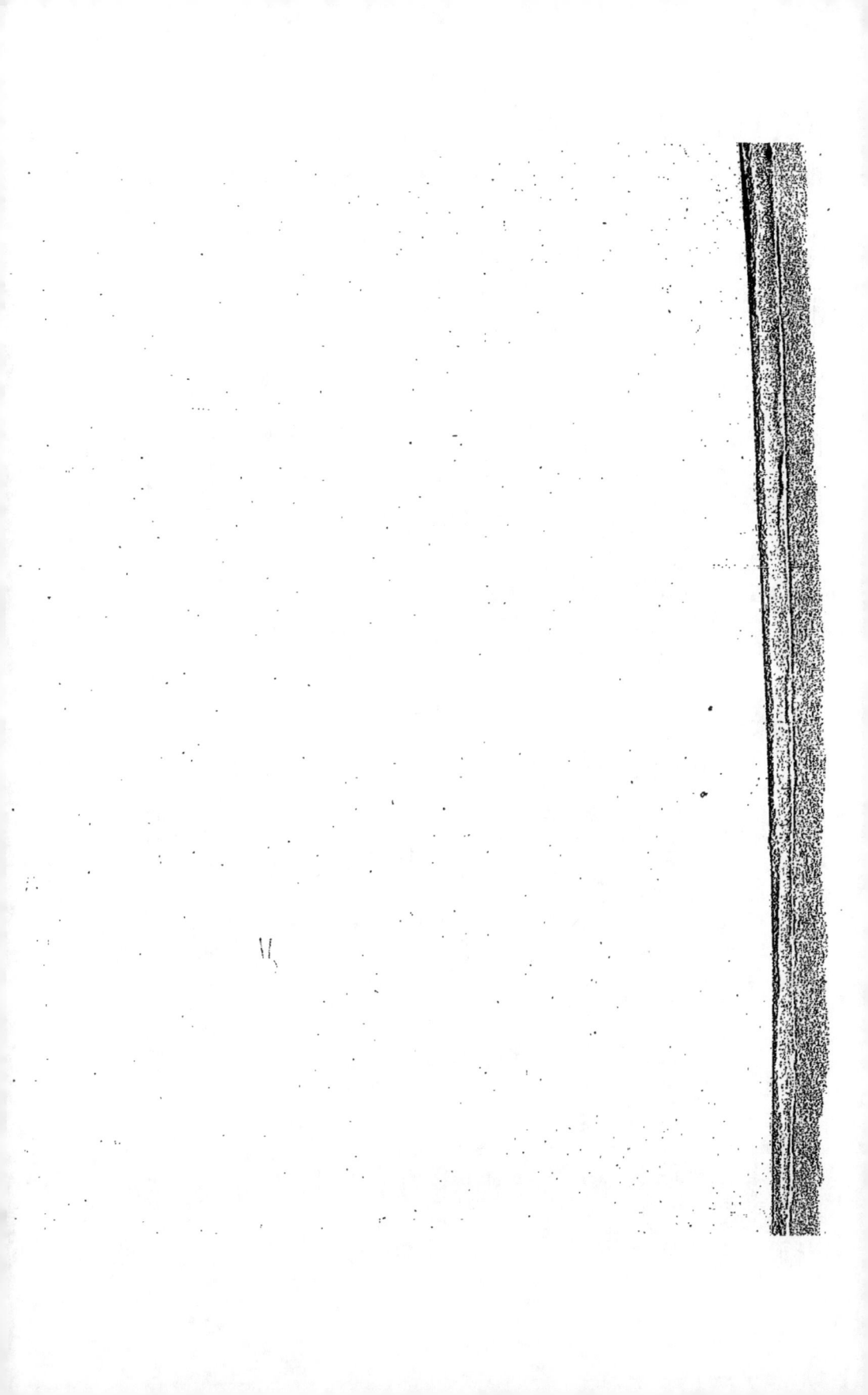

ALMANACH

ROYALISTE,

POUR L'ANNÉE BISSEXTE 1792.

1439

ALMANACH
ROYALISTE,

Ou la Contre - Révolution prédite, par M^e
MICHEL NOSTRADAMUS.

POUR L'ANNÉE BISSEXTE 1792.

Traduite en vers français par le moindre de
ses Interprètes, SHYRALMO.

À PÉTERSBOURG;

Aux dépens des Presses Impériales, sous
l'Enseigne de la certitude couronnée.

Content ferai de mon ouvrage,
Si ce fimple & petit livret,
En public ou même en fecret,
Sert à confoler quelque fage,
Dépouillé par quelque décret.
A dieu comme au Roi s'il ramene
Quelque cœur dans l'erreur plongé;
S'il fait craindre un feul enragé ,
Je n'aurai pas perdu ma peine.

ÉCLAIRCISSEMENT.

La révolution qui a culbuté la France doit toucher à sa fin, puisque Noftradamus lui a prédit, dans son Epître adreffée à Henri II, Roi de France *second*, que la perfécution que la véritable Eglife y éprouve finiroit à l'an *mil fept cent nonante-deux.*

Je me propofe ici d'examiner s'il eft poffible que la lettre en queftion ait pu être écrite & adreffée *au Roi Henri II*, comme une foule de Sçavants de l'autre fiecle l'ont foutenu, ou à *Louïs XIV*, comme l'a prétendu le Curé de Louvicamp, dans fa clef de Noftradamus, dont les préceptes pour interpréter cet Auteur, au refte, font excellents.

Voici l'adreffe de cette Epître, fur laquelle je dois d'autant plus manifefter ma petite opinion, que j'ofe en avoir une *à moi*, & foutenir qu'elle ne doit & ne peut effectivement regarder que Sa Majefté Louis XVI.

A *l'invictiffime*, très-puiffant & très-chrétien, Henri, Roi de France *second*, Michel *Noftradamus*, fon très-humble & très-obéiffant ferviteur & fujet, VICTOIRE ET FÉLICITÉ.

Prouvons que ni cette Epître, ni l'adreffe qu'elle porte, ne peuvent en rien concerner Henri II.

1º Noſtradamus qui mit dix-huit mois à compoſer cette Lettre prophétique, c'eſt-à-dire toute l'année 1557 , & la moitié de 1558 , ne l'a point rendue publique de ſon vivant, & il eſt certain que Henri II, mort le 10 Juillet 1559 , n'en a jamais eu connoiſſance.

2º Ce ne fut qu'en 1568 , deux ans après la mort de Noſtradamus , que cette lettre fut imprimée pour la premiere fois chez Benoît Rigault , à Lyon.

3º Noſtradamus, dès 1550, Centurie III , Quatrain 41 , avoit prédit que Henri II auroit l'œil crevé par Montgommery, & qu'il en mourroit comme cela eſt *arrivé*.

4º Noſtradamus prédit dans cet Epître, à celui auquel il l'adreſſe & il l'écrit, qu'il ſortira victorieux de toutes ſes entreprriſes , qu'il verra le *commun advénement* , & une perſécution de l'Egliſe de France , laquelle finira à l'époque de 1792.

Arrêtons-nous à cette date, écrite en toutes lettres dans Noſtradamus.

Henri II , né le 31 Mars 1518, s'il pouvoit vivre encore , auroit aſſurément 274 ans.

Par toutes ces raiſons, ou plutôt d'après tous ces faits & une inombrable foule d'autres que j'abandonne, je me crois fondé à conclure : »donc, ni cette lettre, ni l'adreſſe qu'elle contient , ne peuvent *en rien* concerner Henri II. «

Le temps du commun advénement , la perfécution de l'Eglife , qui devoit être pire que celle qu'elle eut à fouffrir en *Afrique* , & qui doit ceffer avec l'année 1791 , établiffent fans replique , que ni cette lettre , ni fon adreffe , ne peuvent avoir eu pour but Louis XIV , né en 1643 , & mort le premier Septembre 1715.

Je paffe fur le champ à Louis XVI.

Perfonne ne peut ignorer en France qu'à fon avénement au trône , le peuple , comme par un élan prophétique , s'écria que Henri IV étoit *reffufcité* , & que Louis Augufte feroit un autre Henri le *Grand*.

Témoin le pont-neuf d'alors.

Henri IV revit. Ce mot eft un beau mot.
Mais pour m'y faire croire , il faut la poule
   au pot.

Or Henri IV , dont Noftradamus avoit prophétifé l'exaltation à la Couronne de France d'une maniere plus claire que le jour. Centurie ix. Quatrain xxxxv.

» *Grand* Mendofus , *obtiendra* fon empire , &c. «

Henri IV , dis-je , a été le *premier* de la branche de Vendôme , qui foit parvenu au trône de France , qui lui étoit dévolu par fa naiffance , & qu'il fut cependant obligé de *conquérir* à la pointe de fon épée.

Donc , celui qui lui reffemblera....... qui l'a fait reffufciter , qui le fait revivre , &

dans lequel , pour ainſi parler , il revivra tout entier , ſera néceſſairement *un ſecond* , ou *le ſecond* Henri IV de ſa branche.

Louis XVI a malheureuſement vu *le commun avénement* prédit , c'eſt-à-dire *le vulgaire* , & la *plébécule* entrer dans toutes les places , & s'en *emparer*.

Il a également vu & voit encore *la perſécution* de l'Egliſe , dont parle l'auteur.

Et ce pourroit être à un autre qu'à ce monarque , préſentement infortuné , que Noſtradamus auroit écrit , & auroit pu avoir l'intention d'adreſſer la prophétique Epître dont il s'agit ! Cela eſt impoſſible.

Quodcumque oſtendis mihi , ſic incredulus odi.

Quand à la qualification *d'invictiſſime* , comment , dira-t-on , peut-elle convenir à un roi , qui eſt réellement dans les fers depuis plus de deux ans , & que ſes ſujets ont arrêté de force ? Voilà ce que j'ai à répondre.

Craignons de ſinger les mauvais Français , qui , du temps de la Ligue , ne voulurent donner à Henri IV que le titre de *Béarnois*.

Ils eurent beau dire , ils eurent beau faire , le titre de grand , que lui avoit prédit Noſtradamus , & qui lui fut peu après décerné par ſes ſujets , ne lui en a pas moins été confirmé par la poſtérité , ſeule & équitable diſtributrice de tous les titres.

Le même prophète, dans une prophétie, aux trois *quarts* accomplie, promet un titre plus brillant encore que celui de *grand*, au fecond Henri IV.

Son invincible bonté, fa patience à toutes épreuves, le lui méritent déjà ce titre, qui femble aujourd'hui, felon certaines gens, lui convenir fi peu.

Le trône & l'autel, par lui vengés & rétablis, feront voir à l'univers étonné, & fentir aux Français, qui le connoîtront mieux, combien il fera digne de toutes victoires en ce monde, & de l'éternelle félicité dans l'autre. Car c'eft-là ce que Noftradamus, lui prédit par :

» *Victoire & félicité.* «

Amen.

Centurie I.

EXTRAIT

DES CENTURIES ET DES PRÉSAGES

DE Me. MICHEL NOSTRADAMUS.

B

CENTURIE I.

QUATRAIN 3.

Quand la litiere (1) du tourbillon (2) versée
Et seront faces de leurs manteaux (3) couverts,
La république par gens nouveaux vexée,
Lors blancs (4) & rouges jugeront à l'envers.

(1) *Le timon, le gouvernail.*
(2) *Troubles, émeute.*
(3) *Dans la nuit du 5 au 6 Octobre 1789*
MM. d'O.. M. &c. portoient des manteaux
dont ils se cachoient le visage.
(4) *Les troupes désignées par l'uniforme du*
plus grand nombre.

QUATRAIN 53.

Las qu'on verra grand peuple tourmenté,
Et la loi sainte en totale ruyne,
En autres loix toute la chrétienté, (1)
Quand d'or, d'argent trouvé nouvelle mine (2)

(1) *Tous les états du Roi très-chrétien.*
(2) *Fiction, semblant, représentation.*

I

A Notre Etat Monarchique,
Que gens de manteaux couverts,
Feront tomber à l'envers;
Succédera république,
Qu'autres gens, nouveaux pervers,
Gouverneront de travers,
Et fatigueront fans ceffe.
L'on verra tous nos foldats,
Se prêtant à leur ivreffe,
Etre *alors* affez ingrats
Pour ne les empêcher pas.

2

Quand d'or, d'argent nouvelle mine,
S'inventera dans nos climats;
Enfin, aux feconds affignats,
Attendons-nous à la ruine,
De toutes nos civiles loix.
Que vois-je auffi la loi divine,
De chez nous profcrite à la fois ?
Le peuple nageant dans la joie,
Aura bien vite à déchanter.
De la crainte il fera la proie,
Et d'énormes impôts viendront le tourmenter.

QUATRAIN 61.

La république misérable infelice
Sera vastée du nouveau Magistrat,
Leur grand amas de l'exil malefice,
Fera sueve ravir leur grand contrat.

CENTURIE II.

QUATRAIN 10.

Avant long-temps le tout (1) sera rangé
Nous espérons un siecle bien senestre,
L'estat des masques (2) & des seuls (3) bien
    changé,
Peu trouveront qu'à son rang veuillent estre.

(1) *Tout le Royaume.*
[2] *Masqué, déguisé, courtisan.*
[3] *Obligé de vivre seul, d'être célibataire ;*
conséquemment prêtre ou religieux.

3.

La république accablée,
De toutes fortes de maux ;
Et totalement pillée,
Par la funeste assemblée,
Des législateurs nouveaux ;
Dont les décrets infernaux,
Feront déserter la France,
Aux plus riches, aux plus grands ;
Ravalés fous la puissance
De ces ignobles tyrans.
L'on verra ces émigrants,
De la Souabe, allarmée,
Contre un pouvoir criminel,
Revenir en corps d'armée,
Déchirer le contrat constitutionnel.

4.

Sous peu, le tout s'arrangera,
Mais avant il faut nous attendre,
Au siecle de fer qui viendra,
Bien subitement nous surprendre.
Des gens de Cour & des bons Prêtres ;
Le fort viendra tant à changer ;
Qu'alors il se verra peu d'êtres,
Qui voulussent le partager.

B

QUATRAIN 27.

Le divin verbe du ciel sera frappé ,
De ne pouvoir proceder plus avant ,
Du réferant [1] le secret estoupé [2]
Qu'on marchera par-dessus & devant.

(1) *Reserare , ouvrir.*
[2] *Gardé , caché.*

QUATRAIN 45.

Trop le ciel pleure Landrogyn [1] procrée ,
Près de ce ciel sang humain respandu ,
Par mort trop tarde grand peuple récrée ,
Tard & tôst vient le secours attendu.

[1] *Androgynus , monstre moitié mâle &
femelle , — les droits de l'homme & la Constitu-
tion.*

3.

Des gardes & des fentinelles,
Jéfus-Chrift fait fermer les yeux,
Et les prifons les plus cruelles,
S'ouvrent au moindre de fes vœux.
O bons françois treffaillons d'aife,
Notre rédempteur ouvrira,
Bientôt celle de Louis feize :
Perfonne ne s'appercevra,
Par où, ni comme il s'en ira ;

L'auteur cependant le dit bien pofitivement
dans un quatrain que je n'aurai pas l'im-
prudence de traduire, & que je me contenterai
de défigner par le nombre 1171.

4

L'hermaphrodite loi que l'Eglife déplore,
Doit être promulguée ; & vous verrez encore
Près des murs de Paris certain fang répandu,
Qui flattera le peuple, & plutôt eût dû l'être,
Auparavant de voir paraître,
Affez-tôt, quoique tard, le fecours attendu.

CENTURIE III.

QUATRAIN 15.

Cœur, vigueur, gloire, le regne changera,
De tout point contre ayant son adverſaire :
Lors france enfance par mort ſubjuguera
Le grand régent ſera lors plus contraire.

QUATRAIN 29.

Les deux nepveux en divers lieux nourrris
Navale pugne, terre pierres tombez.
Viendront ſi haut élever en guerris, (1)
Veanger l'injure, ennemis ſuccombez.

(1) *La Nobleſſe.*

7.

Sur l'air , *Eh mais oui-dà* , &c.

Courage & patience ,
Nos malheurs finiront ,
L'honneur & la vaillance
De tout triompheront.
Eh mais oui-dà , &c.

Malgré leurs clubs de dogues ,
Le régent qu'ils feront ,
Meſſieurs les démagogues
Par crainte ſe rendront.
Eh mais oui-dà , &c.

8.

Combat naval , ville conquiſe ,
Chaſſeront cette égalité ,
Qu'un tas de vilains révolté ,
Oſa promettre à la bêtiſe.
Deux des neveux de Louis ,
Nés en différents pays ,
Viendront avec une armée ,
Rétablir dans tous ſes droits
La nobleſſe ſupprimée ,
Au préjudice des loix.
Du vulgaire la défaite
Avec uſure payera ,
L'injure au Monarque faite ,
Qu'au centuple on vengera.

QUATRAIN 57.

Sept fois changer verrez gent Britannique,
Teints en sang en deux cents nonante an :
France, non, point par appui Germanique,
Ariez [1] doubte son pôle Bastarnan.

[1] *Agioter , faire mouvoir , harceler.*

QUATRAIN 59.

Barbare Empire, par le Tiers usurpé,
La plupart de son sang mettre à mort,
Par mort sénile par lui le quart [1] frappé,
De peur que sang par le sang ne soit mort.

[1] *Les deux voix accordées au Tiers par les convocations des Etats-généraux de 1789, ayant doublé ses représentants, il s'ensuit que le Clergé & la Noblesse n'ont plus été alors que chacun un quart, puisqu'à lui seul il a eu autant de voix que les deux premiers ordres réunis.*

9.

En deux cent quatre-vingt-dix ans,
Les Anglais inconstants & traîtres,
De sang inonderont leurs champs,
Et sept fois changeront de maîtres.
La France ainsi ne changera,
Frappé de l'appui germanique
Qu'à la noblesse on donnera:
Et vexé d'impôts que mettra
Sa bâtarde de république,
Le peuple se retournera.

10.

Le Tiers-Etat par le feu, par le fer,
Usurpera la puissance suprême.
Cette action lui coûtera bien cher,
Il aura pis qu'il n'aura fait lui-même:
Un vieillard N... & qu'il massacrera;
Tant d'épouvente à L.... inspirera
Que ne pouvant que sa terreur entendre,
Ou bien plutôt que n'entendant plus rien,
Pour l'empêcher de tout son sang répandre,
Il versera d'horribles flots du sien.

CENTURIE V.
QUATRAIN 45.

Le grand Empire fera tôt défolé
Et tranflaté près d'Arduenne Sylve ;
[1] Les deux bâtards par l'aîné décollés ,
Et regnera Ænéo Barbe [2], nez de Milve [3].

[1] *Les deux bâtards font le peuple , dont les deux voix ou la double repréfentation qu'on lui a accordée , ont fait à la monarchie deux enfants illégitimes.* [2] *Barberouffe.* [3] *Nez aquilin.*

QUATRAIN 77.

Tous les dégrés d'honneur eccléfiaftique ,
Seront changés en dial quirinal [1],
En Martial [2] quirinal flaminique ,
Un Roi de France le rendra vulcanal [3].

[1] *Prêtrife de Romulus.* [2] *Grande prêtrife de Mars.* [3] *Aux vulcanales , pour fe rendre Vulcain propice , le peuple jettoit des animaux vivants dans le feu.*

La fimilitude des Prêtres de Romulus & des Grands-Prêtres de Mars , avec nos Curés & nos Evêques conftitutionnels eft palpable , puifque chaque quartier de Rome élifoit les premiers , & qu'il falloit l'affemblée générale du peuple pour élire les derniers.

De même les Electeurs d'un diftrict peuvent faire des Curés. Mais il ne faut pas moins que tous ceux du Département pour bâtir un Conftitutionnel Evêque.

Lorsque l'aîné [1] plein d'honneur & de gloire,
Aura chassé ses deux freres bâtards :
Lorsque Gustave aux champs de la victoire,
Aura fixé nos nobles étendarts :
O que Paris éprouvera de peines !
Qu'il aura sujet de pleurer !
Louis s'en ira demeurer
Près de la forêt des Ardennes.

[1] *La Noblesse.*

12.

Tous les dégrés d'honneur ecclésiastique,
Seront changés : & l'ordre hyérarchique,
    N'offrira plus à nos regards
Que Prêtres quirinaux, & Grands-Prêtres de
    Mars.
  Mais bientôt tournera la chance,
    Attendons seulement un peu ;
  L'on en fera justice en France,
    En les condamnant tous au feu.

CENTURIE VI.

QUATRAIN 32.

Par trahisons de verges à mort battù,
Puis surmonté sera par son désordre :
Conseil frivole au grand captif sentu,
Nez [1] par fureur, quand Begich [2] viendra
    mordre.
    [1) *Nobili genere* , les Nobles.
    (2) *Abigere* , émigrer.

13

Quand par verges aura paſſé,
Pour trahiſons homme en place,
Et qu'il ſera trépaſſé,
Cruellement ſur la place :
Quand la fureur d'émigrer,
Aura pris à la Nobleſſe ;
Que pour la faire rentrer,
Envain l'on crira ſans ceſſe ;
Le monarque empriſonné
Sera confus & peiné,
D'avoir tant ſanctionné.
Qu'il ſentira la foibleſſe,
D'avoir ſuivi les avis,
Que lui donna la baſſeſſe,
Et que ſon cœur n'eut pas pris.

QUATRAIN 61.

Le grand tapis (1) plié ne monſtrera,
Fors qu'à demi la plupart de l'hiſtoire :
Chaſſé du regne loing aſpre apparoîtra ;
Qu'au fait bellique chacun (2) le viendra
　　croire.

(1) *Caché , ravalé , rapetiſſé.*
(2) *Chacun des nobles , par antonomaſie.*

14.

Contre la force il n'est point de remede,
Tant que le roi se verra dans les fers,
D'un peuple ingrat & devenu pervers,
Il faudra bien & qu'il plie & qu'il cede.
Mais attendez vous le connoîtrez mieux,
Quand dégradé du rang de ses ayeux,
Et hors la France à son cœur toujours chere,
Il déploira ce ferme caractere,
Qu'il aura pu si long-temps contenir ;
Qu'autour de lui sa fidele Noblesse,
Que rien alors ne pourra retenir,
Et que son sort indignera sans cesse,
Soit accourue & bravant tout danger,
Vienne briguer l'honneur de le venger.
Prompt à marcher toujours prêt à combattre,
A son ardeur vous connoîtrez son sang :
Pour regagner, par ratraper son rang,
Vous le verrez un *second* Henri quatre!

C

Texte.

CENTURIE VIIII.

QUATRAIN. 15.

Vers Aquillon grands efforts par homaffe, (1)
Prefque l'Europe & l'univers vexer
Les deux éclipfes (2) mettra en telle chaffe,
Et aux Pannons vie & mort renforcer,

(1) *Virago, femme forte, héroine amazone.*
(2) *Les deux affemblées nationales ; ainfi dé-
fignées parce qu'elles auront éclipfé le roi.*

Rem magis infpiciunt, quam vocem fœpe poetœ.

QUATRAIN 92.

Loin hors du regne mis en hazard (1) voyage
Grand oft duira pour foi l'occuppera,
Le roi tiendra les fiens captifs oftage,
A fon retour tout pays pillera,

(1) *Monfieur.*

15.

Du fond du nord une fiere amazone,
Ayant vexé presque tout l'univers ;
Inspirera tant de crainte aux pervers,
Qui par deux fois éclipferont le trône ,
Et feront prêts de nous donner des fers ;
Que l'on verra leur seconde affemblée ,
De la premiere en prenant le chemin ,
Plus qu'elle encore agitée & troublée ,
En tapinois partir un beau matin.

Le furplus du quatrain ne nous concerne
pas.

16.

Pendant qu'en France reftera ,
Le roi de fes fujets le captif & l'otage ,
Malgré les rifques du voyage ,
Un des princes en fortira ;
De la régence on l'excluera
Mais dans la fuite il reviendra ,
Et la forte armée aguerrie ,
Avec lui qu'il ramenera ,
Facilement s'emparera ,
En fon nom de notre patrie ;
Que le foldat dévaftera.

QUATRAIN 97.

Aux (1) fins du Var changer le Pompotans (2),
Près du rivage les trois (3) beaux enfants naiſ-
　tre ,
Ruyne au peuple par âge compétans , (4)
Regne au pays charger , plus voir croiſtre.

(1) *A une lieue d' l'Oueſt de Nice.*
(2) *Pompotare, être bouffi d'orgueil, de vanité.*
(3) *Les trois ordres du royaume , le clergé , la Nobleſſe & le tiers-état.*
(4) *Ceux du peuple qui porteront les armes , les nationaux.*

Où le Var joint la Méditerranée ;
Un fier échec attend le tiers-état ,
Sa gloriole y fera terminée,
Et fon orgueil tombera tout à plat.
En cet endroit près des bords du rivage ,
Soudainement renaîtront trois enfants ,
Qu'une puiffance & politique & fage ,
Quoique bien beaux , rendra très differents.
Le tiers-état , la nobleffe , & l'églife ,
Sont trois états qui n'ont rien de commun ;
Qui les confond & des trois n'en fait qu'un ,
Tout à la fois , outrage & fcandalife.
Le riche *tiers* , le tiers ambitieux ,
Précipité des places les plus hautes,
Où l'avoient mis des vilains , factieux ;
Déteftera fes crimes & fes fautes :
Et le monarque en rendant les emplois ,
A ceux à qui la naiffance les donne ,
Verra bientôt la juftice & les loix,
Se rafermir autour de fa couronne.

Extrait des VI Quatrains placés entre la
VIII & la IX Centurie.

QUATRAIN I.

Seront confus plufieurs de leur attente,
Aux habitans ne fera pardonné,
Qui bien penfoient perfévérer l'attente,
Mais grand loifir ne leur fera donné.

(1) *Les habitans de Paris.*

18.

Que les fots,
Idiots,
Qui s'attendent,
Et prétendent,
Aux fauxbourgs,
Pour toujours,
Par leurs loix,
Etre Rois.
Dans Lüttece,
Ou Paris,
Seront pris,
De triftefse:
En voyant,
Une armée,
Bien armée,
Leur donnant,
De prim fault,
Un affault.
Ville prife,
Et conquife,
Nos badaux,
Comme veaux,
Gémiront,
Pleureront,
Leur fotife.
Et confus,
Et pendus,
Sans remife,
Payeront,
Cher-affés,
Pots caffés.

Quatrain 6 & dernier

Las quels defirs ont princes étrangers !
Garde toi bien qu'en ton pays né vienne,
Il y auroit de terribles dangers,
En maints Contrées & même en la Viene (1).

(1) *Riviere qui coule dans le limofin , la marche,
& le poitou , & qui fe perd dans la Loire.*

19.

Crains les deſſeins ,
De tes voiſins.
Leur ame noire ,
Brule de boire ,
De tes bons vins.
Ton territoire ,
A partager ,
De l'étranger ,
Pique la gloire.
Contiens chez eux ,
Si tu le peux ,
Ces envieux.
Fais qu'il n'en vienne ,
Aucun chez nous ,
Et que ces loups ,
Sur la Vienne ,
De leurs ſoldats
N'amenent pas
Une Cohorte.
Pour les chaſſer ,
Faudroit main forte ,
Et je t'exhorte ,
A t'en paſſer.

D

CENTURIE IX.

QUATRAIN 6.

Par la Guyenne infinité d'Anglois,
Occuperont par nom d'Angl-aquitaine :
Du Languedoc le palme (1) Bourdelois,
Qu'ils nommeront après Barboxitaine. (2)

(1) *Bourdeaux.*
(2) *Borde du Languedoc, ou occidental.*

CENTURIE X.

QUATRAIN 84.

(*) Le naturelle à si hault, hault non bas,
Le tard retour fera marris (1) contens :
Le Récloing (2) ne sera sans debats,
En empliant & perdant tout son temps.

(1) *Fachés mécontents.*
(2) *Recolluvies, recloaca. Second ramas
de Canaille, second cloaque.*
(*) *Chez la Noblesse.*

Ce quatrain est trop clair pour avoir besoin d'être traduit.

20.

Sur l'air : *O bons Français ! aux champs de la victoire.*

Nos mécontents seront enfin bien aises,
Ils reverront rentrer leurs émigrés ;
Et ce fera quand les ames françaises ,
Seront vraiment à leurs plus hauts dégrés : bis
Quand l'on verra la seconde assemblée ,
Ce vil ramas des plus indignes gens ,
De délateurs, & de débats troublée ,
Se consumer & perdre tout son temps. bis

EXTRAIT DES PRESAGES.

43 *Décembre.*

Vierges & veuves votre bon temps s'approche
Point ne sera ce que l'on prétendra.
Loing s'en faudra que soit nouvelle approche,
Bien aisé pris. Bien remis. Pis tiendra.

55 *Octobre.*

Sera reçue la requeste décente,
Seront chassés & puis réunis au sus.
La grande-grande se trouvera contente.
Aveugles, sourds feront mis au-dessus.

21.

Vierges & veuves confacrées,
Au fervice de l'éternel,
Ne craignez plus dans nos contrées,
Qu'on vous arrache de l'autel,
Ce qu'on fait ne durera gueres,
Vos biens *ufurpés & vendus*,
Facilement feront *rendus*
A vos utiles monafteres.
Une chofe pire pour vous,
Sera feulement maintenue;
Seroit-ce vos vœux (entre nous)
Que le Prophête auroit en vue?

22.

Les vrais croyants foulant aux pieds l'erreur,
Et dédaignant les jureurs du manege,
Feront rentrer avec honneur,
Tout vrai miniftre du Seigneur,
Qu'on aura chaffé de fon fiege.
Notre fainte religion,
Sera d'autant plus fatisfaite,
Que même dans l'opinion,
Du vulgaire avant fa défaite;
Tous ces aveugles jureurs loups,
Ayant devoré les Apôtres;
Seront placés bien au deffous,
Et bien plus bas que tous les autres.

G.

65 Octobre.

Gris, blancs, & noirs enfumés & froqués,
Seront remis, demis, mis en leurs fiéges.
Les ravaffeurs (1) fe trouveront moqués :
Et les vaftales ferrées en fortes rieges.

(1) L'*Affemblée & ceux qui s'imagineront que
la Conftitution durera.*

(2) *Barrieres, cloîtres, clôtures.*

67 Janvier.

Defir occulte pour le bon parviendra.
Religion, paix amour & concorde.
L'épithalame (1) du tout ne s'accordra.
Les haut qui bas ; & haut mis à la corde.

(1) *La fin.*

23.

Moines rentés & Mendians,
A qui l'on prit maifons & terres,
Bientôt vous rentrerez dedans,
Comme vous rirez aux dépens,
Des Sycophantes, des Marchands,
Acquéreurs de vos monafteres !
Et vous, imprudentes Nonains,
Qui, fans remords & fans fcrupules,
Aviez déferté vos célules,
Pour vous fixer chez les mondains :
Partout dans vos cloîtres rentrées,
Vous y ferez claquemurées,
Pour édifier les humains.

24.

Religion, paix & concorde,
Se feront enfin defirer.
Mais avant que chacun s'accorde,
Plufieurs auront bien à pleurer.
Ceux que la haine & la difcorde,
A fouhait avoient ravalés ;
Seront remis & relevés ;
Et ceux par elles élevés,
Seront honorés de la corde.

63 Juillet.

Repris , (1) rendu , épouvanté du mal.
Le fang par bas & les faces hideufes.
Aux plus fçavans l'ignare efpouvantal :
Perte, haine, horreur, tomber bas la piteufe (2).

(1) *Réprimé , dompté.*
(2) *La pitoyable Conftitution.*

25.

Le peuple dompté,
Forcé de fe rendre,
Bien épouvanté,
Ne fçachant qu'attendre,
Des maux qu'il a faits,
Et de fes forfaits :
Aura le teint blême,
Efculape même
Au mal qu'il aura,
Rien ne connoîtra.
La lienterie,
La diffenterie,
Vous l'emporteront,
Vous le balayeront,
Comme vent d'automne,
Outré de fureur,
Emporte & moiffonne,
Feuilles fans vigueur.
Ou tel qu'un orage,
De grêle mêlé
Portant le ravage
Sur un champ de blé
Le brife, le hache,
Le coupe & l'arrache.

Alors tombera,
Cette affreufe idole,
Qu'un peuple frivole,
Honorée aura,
D'humaines victimes,
Atteftant fes crimes.
Il ne reftera,
Pour la Targetine
Caufe de malheur;
Que haine inteftine,
Et publique horreur.

J'aurois pu de beaucoup allonger ma traduction & je n'aurois pas balancé à l'entre-
prendre, malgré les incalculables difficultés
qu'offre à chaque mot, une matiere aussi
ardue & aussi délicate, si je ne m'étois bien
convaincu que j'en ai dit assez pour établir la
divine *mission* de l'auteur.

L'accomplissement des prophéties en prou-
ve incontestablement l'authenticité.

Or toutes celles qu'avec la grace de dieu,
j'ai traduites, sont accomplies, les unes à
moitié, les autres aux trois *quarts*.

Donc leur authenticité est démontrée ; donc
ce qu'il en reste à s'accomplir, ne sauroit être
douteux.

Donc il ne reste aux coupables qu'à *fléchir*
la colere *céleste* qu'ils ont provoquée de toutes
les manières.

Puissent-ils [tels que les Ninivites] par les
larmes d'une sincère pénitence, arrêter la fou-
dre dans la main d'un Dieu prêt & les en écra-
ser.

Daigne, ô mon Dieu ! leur ouvrir les trésors
de ta miséricorde, & les faire tomber aux pieds
du meilleur & du plus outragé des Rois & des
hommes, qu'ils trouveront toujours disposé à
leur pardonner.

ERRATA.

Page 15, à la tête de la traduction des deux quatrains, au lieu des chiffres 3 & 9, il devroit y avoir 5 & 6.

Page 19.

La France ainsi ne changera ;
Non point par appui germanique :
Mais par mécontents que craindra
Sa batarde de république.

Page 25, avant dernier vers, au lieu de par, *lisez* pour.

Page 34, note 2, au lieu de borde, *lisez* bord.

Page 43, ligne 21, au lieu de &, *lisez* à.

www.ingramcontent.com/pod-product-compliance
Lightning Source LLC
LaVergne TN
LVHW022204080426
835511LV00008B/1562